Cyberbullismo

Di
Dr. Juan Moisés de la Serna

Traduci da Marta Ranieri

Prefazione

Il Cyberbullismo è una forma moderna di bullismo che può colpire chiunque, ma diventa particolarmente preoccupante quando ad esserne colpiti sono i minori.
In questa breve guida si offrono le risposte alle domande più importanti che riguardano questa tematica, risposte che ogni genitore con figli in età scolare dovrebbe tenere presente, come ad esempio: cos'è il Cyberbullismo? Come influisce sulla vita di chi ne è vittima? È possibile prevenire il Cyberbullismo? E soprattutto, cosa fare se nostro figlio ne è vittima?
Scopra tutti gli aspetti chiave del Cyberbullismo, grazie anche ai risultati delle ultime ricerche eseguite al riguardo in campo psicologico.

Indice

Dedicato ai miei genitori

Ringraziamenti

Colgo l'occasione per ringraziare tutte le persone che con il loro aiuto hanno contribuito alla realizzazione di questo testo, in particolare il Dr. Abel González García, Direttore del Dipartimento di Criminologia dell'Universidad a Distancia de Madrid e la Dott.ssa Pilar Vecina, Direttrice del Dipartimento di Neuropsicologia dell'"Instituto de Investigación y Desarrollo Social de Enfermedades Poco Frecuentes".

Avviso legale

Non è consentita la riproduzione totale o parziale di questo libro, né la sua incorporazione in un sistema informatico o la sua trasmissione in qualsiasi forma o con qualsiasi mezzo, sia esso elettronico, meccanico, tramite fotocopia, registrazione o altri mezzi, senza previa autorizzazione e per iscritto dall'editore. La violazione dei suddetti diritti può costituire un reato contro la proprietà intellettuale (art. 270 e seguenti del codice penale).
Rivolgersi al C.E.D.R.O. (Centro spagnolo per i diritti di reprografia) se è necessario fotocopiare o scansionare qualsiasi estratto di questo lavoro. È possibile contattare C.E.D.R.O. attraverso il web www.conlicencia.com o telefonicamente al 91 702 19 70/93 272 04 47.

Capitolo 1. INTRODUZIONE AL CYBERBULLISMO

Sicuramente avrà sentito dai mezzi di comunicazione di come sempre più giovani sono coinvolti in casi di bullismo tramite i media digitali, a causa dell'uso eccessivo che se ne fa e soprattutto all'anonimato che garantisce la rete.

Il Cyberbullismo consiste in un atto di umiliazione, ricatto e addirittura vessazione da parte di una o più persone nei confronti di un'altra. Ciò può accadere se si viene considerati "diversi", ad esempio se si è più alti, più in carne, se si è tifosi di una certa squadra di calcio... Osservando i risultati offerti da Google sulle tendenze di ricerca del termine Cyberbullismo, nelle sue diverse accezioni in tutto il mondo e dal 2004 al 2017, si può notare che il primo paese a preoccuparsene è quello delle Filippine, seguito da Australia e Nuova Zelanda. Gli Stati Uniti rimangono in settima posizione mentre la Spagna occupa la posizione numero trentasei dei quarantacinque paesi che compaiono nel risultato di Google. L'ultima posizione è invece occupata dalla Turchia.

Ciò non riflette il numero di casi di Cyberbullismo a seconda del paese, bensì le volte in cui questo termine è stato cercato. Può esserci infatti un paese in cui si verifichino pochi casi di Cyberbullismo ma in cui la popolazione mostri una certa sensibilità sul tema e di conseguenza avrà molte ricerche su Google al riguardo.

Al contrario, può esserci un paese in cui il Cyberbullismo è istituzionalizzato ma esista scarsa consapevolezza del problema e di conseguenza non ci siano ricerche al riguardo.

È da notare che, tra i primi dieci paesi che cercano questo termine su Google, cinque fanno parte dei cosiddetti paesi del primo mondo, ossia l'Australia, la Nuova Zelanda, il Regno Unito, gli Stati Uniti e il Canada. Si segnala inoltre come, a livello globale, sia avvenuto un incremento notevole dell'uso di questo termine col passare degli anni, arrivando nel 2017 oltre il 65% delle ricerche effettuate nel 2004.

Effettuando un'analisi globale dell'andamento della ricerca su Google a livello stagionale, si può notare che nei mesi autunnali di settembre e ottobre vengono eseguite più ricerche correlate al tema del Cyberbullismo; mentre nei mesi estivi di luglio e agosto e in inverno, a dicembre e gennaio, vengono effettuate meno ricerche.

Si verificano anche casi di Cyberbullismo con contenuto sessuale, ma non è esclusivo. In molte occasioni il contenuto di tipo sessuale non è l'obiettivo finale del molestatore, ma viene utilizzato sempre con il fine di umiliare e ricattare la vittima.

<<Cos'è il Cyberbullismo?
Il Cyberbullismo è una forma di maltrattamento e abuso tra ragazzi in età scolare, è caratterizzato dall'utilizzo della comunicazione attraverso il cyberspazio per ottenere l'esclusione totale della vittima dai gruppi di convivenza della propria scuola.>>
Dr. Abel González García, Direttore del Dipartimento di Criminologia, U.D.I.M.A. (Universidad a Distancia de Madrid)

C'è da aspettarsi che mano a mano che la tecnologia diventerà più popolare, lo stesso accadrà anche con i vantaggi e gli svantaggi del suo uso e abuso, incluso il Cyberbullismo. Rimane tuttavia ancora molto da investigare al riguardo, anche perché, in molti casi, il minore bullizzato non denuncia il suo abusatore proprio perché ricattato.

Nonostante la situazione di incertezza, alcuni governi hanno adottato dei provvedimenti per prevenire gli effetti più nocivi sulla salute, considerando che in alcuni casi il minore arriva anche a togliersi la vita per la disperazione di non sapere come uscire da una situazione del genere.

<< il Cyberbullismo è aumentato negli ultimi anni?
Effettivamente negli ultimi anni sembra si sia verificato un aumento del Cyberbullismo dovuto ad un uso più intensivo dei mezzi di comunicazione online, soprattutto dei social network (Twitter, Facebook, Ask.fm, WhatsApp, ecc.).
Al giorno d'oggi quasi il 100% dei ragazzi dai 10-11 anni in poi usa abitualmente qualche tipo di strumento

tecnologico.
Logicamente, inoltre, l'aggressione si sta spostando verso questo nuovo spazio di relazioni poiché è più facile portare a termine queste azioni.>>
Dr. Abel González García, Direttore del Dipartimento di Criminologia, U.D.I.M.A.

Si tratta di un problema molto attuale ma del quale si parla appena nei mezzi di comunicazione; soltanto quando un poliziotto arresta un cyberbullo o quando le vittime si suicidano. Soltanto in questi casi estremi viene data visibilità a un problema che negli ultimi anni si sta aggravando.
Un problema per il quale né genitori né professori sembrano essere sufficientemente preparati, non sono in grado di captare i primi sintomi nella vittima, e non sanno come reagire in maniera adeguata per eliminare il problema.
A questo proposito diversi governi hanno applicato politiche di protezione dei minori e di prevenzione dal Cyberbullismo, proprio per cercare di fermare il dilagarsi di questo fenomeno che sembra essere diventato di moda.

Capitolo 2. Cos'è il Cyberbullismo?

Il termine Cyberbullismo, conosciuto anche con il termine inglese cyberbullying, è un'estensione del bullismo compiuto attraverso mezzi tecnologici, via telefono o Internet, con il quale una persona (molestatore) cerca di indebolire e distruggere l'autostima dell'altra persona (molestato o bullied), inviando messaggi minacciosi, intimidatori o ricattatori utilizzando servizi email o di messaggeria istantanea (tipo chat e messenger), S.M.S o social network.

Prima che si diffondesse l'uso della tecnologia, il fenomeno del bullying o aggressione prevedeva l'incontro faccia a faccia tra il molestatore e il molestato, corredato da insulti, minacce e scherni, con la possibilità che questo sfociasse nell'aggressione fisica come modo per il prevaricatore di ottenere quello che voleva.

Alcuni esperti operano una distinzione tra il termine Cyberharassment, considerato come quello che si compie con l'uso delle nuove tecnologie, e Cyberbullismo, nel quale rientrerebbero unicamente i casi nei quali l'aggressione avviene tra minori e con l'uso di mezzi tecnologici.

Particolarmente preoccupante è il crescente numero di casi tra gli adolescenti, ad esempio in Spagna quasi un terzo dei minori di 17 anni afferma di essere stato vittima di Cyberbullismo e addirittura il 19% confessa di aver insultato qualcuno in rete. In Sudamerica, secondo dati dell'U.N.E.S.C.O, più del 50% degli alunni di scuola elementare è stato vittima di bullismo a scuola, un pericolo il cui potere aumenta nella rete.

Una realtà, segnalata da diversi studi, per uno studente su tre al di sopra dei 17 anni negli Stati Uniti; la cifra a livello mondiale va dal 17 al 48%.

Nonostante la sua gravità, soprattutto quando ad essere coinvolti sono i minori, non viene considerato tra i reati informatici più dannosi e comuni, come lo sono il furto di identità o gli spammer...

Ricordo ancora, in occasione di uno dei miei soggiorni di ricerca all'Università di Guadalajara (Messico) che alla bacheca degli annunci accanto all'entrata vi era sempre affisso un avviso che informava che, nel caso si fosse ricevuta una e-mail da parte di Banamex (una delle banche più grandi ed estese del Messico) non si sarebbe dovuto rispondere.

Spiegavano infatti che nella mail richiedevano la password per la riattivazione del conto e che, per questo, era necessario introdurre i dati del conto, oltre a quelli personali.

La "trappola" consisteva nel fatto che gli utenti venivano ridirezionati, tramite un link che si apriva una volta cliccato sulla mail, in una pagina falsa ma identica a quella ufficiale.

Una volta inseriti i dati personali, quelli del conto corrente e aver cliccato su "invia", si riceveva un messaggio in cui vi era scritto che era tutto regolare e che si poteva continuare ad usare il conto corrente.

Ciò che non si sapeva era che quella mail non era mai stata inviata dalla banca e che i dati inseriti "volontariamente" erano diventati accessibili ai ladri di identità e ai criminali cibernetici.

Un reato che prima veniva commesso tramite posta, quando venivano richiesti i dati per l'abbonamento a una rivista o a un giornale e che oggi si continua a compiere per strada, dove una persona, che si spaccia per un membro di qualche istituzione di ambito solidale, richiede dati personali e del conto corrente per un presunto abbonamento, quando in realtà quella istituzione non aveva mai assunto tale persona affinché raccogliesse quei dati.

Il risultato finale è lo stesso, vengono forniti "volontariamente" dati personali e bancari ma senza sapere come verranno poi utilizzati.

A differenza di altri reati informatici, in cui l'aggressore cerca di non lasciare "traccia" delle sue azioni, per esempio, sostituendo l'identità di qualcuno, o accedendo alle informazioni personali e al numero di conto corrente; nel caso del Cyberbullismo, siamo di fronte ad un confronto diretto tra la vittima e l'aggressore, nonostante il secondo mantenga l'anonimato, questo perché l'aggressore vuole che la sua vittima sappia di esserlo, di non poter fare nulla per evitarlo, come forma di intimidazione e di punizione, è una manifestazione di potere.

È raro che il Cyberbullismo provenga da più di una persona, a differenza del bullismo in generale o in ambito scolastico e persino delle molestie sul posto di

lavoro che possono essere opera di due o più persone.
Un'altra differenza tra il Cyberbullismo e l'aggressione diretta è che, nel secondo caso, gli altri, siano essi i compagni di scuola o i colleghi di lavoro, possono costituire una fonte di appoggio, di sostegno alla situazione diventando così molto più che dei semplici testimoni delle angherie. In molte situazioni infatti, questi partecipano fomentando l'aggressore o addirittura giustificandolo, così che questi si sente legittimato nel compiere le sue azioni non ricevendo alcun tipo di rimprovero o reazione di rifiuto da parte del gruppo.
D'altra parte, nei casi di Cyberbullismo, "l'altro" non esiste, così come non c'è un desiderio di notorietà o di mettersi in mostra davanti agli altri da parte del vessatore, l'altro semplicemente scompare, di modo che il comportamento aggressivo si mantiene e alimenta con la sensazione di potere che si prova al sentire di star facendo del male ad una persona.

<<Quando e come la polizia deve agire nei casi di Cyberbullismo?
Quando si è sicuri del fatto che una persona è stata o è vittima di una situazione di questo tipo, come già detto in precedenza, è necessario presentare alla polizia le prove pertinenti affinché venga emessa una segnalazione nei confronti della persona o del profilo della persona che ha ricevuto l'intimidazione. Devono essere descritti gli atti vessatori o le intimidazioni a cui la persona è stata sottoposta, oltre a stabilire il periodo in cui tali azioni sono state eseguite.>>
Pilar Vecina, Direttrice del Dipartimento di Neuropsicologia dell'Instituto di Investigación y Desarrollo Social de Enfermedades Poco Frecuentes.

Esistono delle differenze nella soluzione dei casi bullismo e Cyberbullismo; nel primo caso, la denuncia a un capo o, nel caso della scuola, al professore, può essere sufficiente per interromperlo, mentre nel secondo non esiste un'autorità definita che possa frenare tale reato.
Per questo molti governi stanno implementando nuove

politiche, nel tentativo di frenare questo tipo di azioni, soprattutto quelle nei confronti di minori da parte di adulti, i quali cercano di ottenere molto di più che la semplice umiliazione della vittima, cosa che può spingere al suicidio coloro che non sono in grado di sostenere il peso del ricatto al quale sono sottoposti.

Sono diverse le proposte sul tavolo dei vari governi, dalla creazione di un corpo di polizia specializzato, incaricato di identificare gli aggressori, al fine di interrompere il loro anonimato in rete, o leggi penali, create appositamente per trattare questo tipo di casi, nelle quali si arriva a stabilire addirittura una condanna al carcere per i cyberbullo, come modo per "scoraggiare" questo comportamento, ma anche come punizione per i recidivi.

Da quanto detto fino ad ora, è chiaro che il meccanismo per fermare il Cyberbullismo è molto più complesso del comportamento stesso, ecco perché la denuncia dovrebbe essere fatta il prima possibile, così che le autorità competenti possano agire ed evitare in questo modo danni maggiori.

<<Quando e come devono agire i tribunali nei casi di Cyberbullismo?
In questo caso dipende dalla gravità e dalla portata dei fatti. Si sa che, a partite dai 14 anni, i minori sono imputabili, pertanto i provvedimenti da parte della giustizia dipenderanno anche dall'età degli aggressori. Nel caso, per esempio, del fenomeno del gromming, adescamento di minore da parte di un adulto (che si spaccia per un minore), per stabilire un vincolo socio-emozionale e abusare di lui, le sanzioni sono diverse, poiché un adulto è responsabile delle azioni intimidatorie, molto più gravi se le paragoniamo a un adolescente di 16 anni che ha inviato qualche tipo di foto erotica della vittima.
Ad ogni modo, l'importante è denunciare affinché sia fatta giustizia, poiché l'identità della persona viene seriamente danneggiata, indipendentemente dal tipo di Cyberbullismo di cui si sta parlando.>>
Pilar Vecina, Direttrice del Dipartimento di Neuropsicologia dell'Instituto di Investigación y Desarrollo Social de Enfermedades Poco Frecuentes.

Capitolo 3. Profilo della vittima e del bullo.

Il Cyberbullismo è situazione di potere, di solito si cerca l'umiliazione, il ricatto e persino la vessazione dell'altra persona. Tutto ciò con l'"impunità" di sapere che non sarà scoperto, e che non avrà alcuna punizione, dato che per il cyberbullo è sufficiente spegnere il computer e non connettersi più con la vittima.

<<Esistono differenze di profilo tra chi è vittima di bullismo a scuola e chi lo è di Cyberbullismo?
Gli effetti di solito sono molto simili. In entrambi i casi si verificano dei cambiamenti significativi a livello fisico o somatico (disturbi gastrointestinali, dolori di stomaco, perdita di peso...) a livello psicologico (senso di colpa, diminuzione dell'autostima, cambiamenti emotivi e comportamentali significativi...), a livello sociale (isolamento, difficoltà ad uscire di casa...) e persino nella ricostituzione delle abitudini acquisite prima.
Una differenza che abbiamo avuto modo di osservare durante le visite è che, ad esempio, alcune persone che hanno subito un qualche tipo di Cyberbullismo hanno poi sviluppato una fobia nei confronti della tecnologia. Viene rilevato che, anche solo sentendo la parola "computer o cellulare", si innesca una forte e marcata sintomatologia ansiogena che va trattata.>>
Pilar Vecina, Direttrice del Dipartimento di Neuropsicologia dell'Instituto di Investigación y Desarrollo Social de Enfermedades Poco Frecuentes.

Uno dei vantaggi del determinare i profili delle vittime è la possibilità di predisporre piani di prevenzione, prestando speciale attenzione alla fascia di popolazione più vulnerabile, ma qual è il profilo di chi subisce atti di bullismo o bullismo in ambito scolastico?
Questo è ciò che hanno provato a scoprire, dal C.F.K. Salute pubblica e qualità di miglioramento della regione centrale di Danimarca, l'Università di Studi Clinici, l'Università di Parken e l'Università di Aalborg (Danimarca) i cui risultati sono stati pubblicati dalla rivista scientifica B.M.C Psicologia.

Allo studio hanno partecipato 3681 alunni con un'età compresa tra i 14 e i 15 anni. Questi stessi alunni sono stati valutati all'età di 17 e 18 anni, ma soltanto 2181 alunni hanno completato lo studio.

Di questi, dopo un secondo conteggio, 125 lavoravano, 348 avevano un contratto di apprendistato, 1305 conciliavano lavoro e studi e 478 non avevano lavoro.

Di tutti quanti sono stati registrati i dati anagrafici, come il reddito familiare, il livello di istruzione dei genitori...

Ai partecipanti sono state fatte tre domande nei due momenti della misurazione nelle quali dovevano indicare se erano vittime di episodi di bullismo e se sì con quale frequenza.

Hanno dovuto anche rispondere ad un questionario standard sul loro rapporto con la famiglia valutato tramite il Parental Bonding Instrument e la scala F.A.D-G.F. (Family Assessment Device- General Functioning).

Sono stati valutati anche due marcatori di salute, come il numero di sigarette consumate quotidianamente e la presenza o meno di sovrappeso.

Infine, è stata valutata anche la personalità degli adolescenti mediante la scala dell'autostima, la "Rosenberg's" Global Self-Esteem Scale" e la "Brief C.O.P.E Scale per valutare la capacità di affrontare situazioni stressanti.

I risultati hanno riportato una recidiva nelle vittime che avevano già subito atti di bullismo, ora ne soffrono sul posto di lavoro.

Gli autori dello studio hanno analizzato le caratteristiche implicate in questa reiterazione e hanno dimostrato che coloro che ne soffrivano di più erano coloro che mostravano bassi livelli di autostima, con genitori iperprotettivi, con in livello socioeconomico intermedio e con un non elevato senso di coerenza.

Per quanto riguarda la diversità di profilo tra una persona colpita da bullismo diretto e una da Cyberbullismo, non sembrano esserci molte differenze, alcune ricerche indicano persino che coloro che sono stati vittima di bullismo in ambito scolastico, sono poi più propensi a diventare anche vittime di Cyberbullismo. Le ragioni non sembrano chiare, anche se la bassa autostima della persona maltrattata, e talvolta un forte senso di vittimizzazione, possono essere il germe per diventare un obiettivo del bullismo informatico.

<<Qual è il profilo del maltrattato?
C'è un fenomeno interessante ossia che esiste una percentuale più elevata di vittime-aggressori rispetto al livello tradizionale (bullismo), ciò può essere dovuto al fatto che online le vittime hanno a disposizione più risorse per fronteggiare le aggressioni.
In quanto al profilo, poco si differenzia da quello delle vittime di bullismo:
- Vittime passive (che non reagiscono alle aggressioni e in alcuni casi non sono nemmeno consapevoli di essere delle vittime)
- Vittime-aggressori, con maggiore impulsività e minore autostima rispetto al resto degli studenti, considerano inoltre che su Internet tutto è permesso e per questo vede delle agevolazioni per l'aggressione.>>
Dr. Abel González García, Direttore del Dipartimento di Criminologia, U.DI.MA.

Diventare un bullo informatico ha molto a che vedere con il modo di comportarsi e con il modo in cui percepisce il "successo" dell'aggressione. Secondo Bamford esistono cinque tipi di bullismo informatico:
- Anonimi, quando l'aggressore nasconde la propria identità.
- Incendiari o troll, che cercano di provocare l'altro.
- Aggressione propriamente detta, in questo caso esiste un'azione diretta mirata all' offesa.
- Esibizionista, in cui si mostra materiale privato (solitamente con contenuto sessuale) senza l'autorizzazione del proprietario.
- Di esclusione, in cui si cerca di isolare la vittima.
Ciò vuol dire che, nonostante si parli di un profilo di aggressore, questo in realtà cambia in funzione del modo di agire, dell'obiettivo, della vittima...

<<Qual è il profilo dell'aggressore?
Anche in questo caso esistono delle differenze nel ruolo degli aggressori esclusivi in ambito offline: nel caso del Cyberbullismo esiste una percentuale di aggressori che agisce unicamente online, ossia mai in modo tradizionale. Può essere così perché vede maggiori agevolazioni nel caso dell'aggressione online

(anonimato, strumenti digitali semplici da usare, diffusione rapida ...).>>
Dr. Abel González García, Direttore del Dipartimento di Criminologia, U.DI.MA.

Negli ultimi anni è diventata popolare tra i più giovani la pratica del sexting, definita come l'atto di condividere, tramite internet, testi, foto o video con contenuto sessuale, una pratica che va di pari passo con l'aumento del numero di ore che i giovani trascorrono davanti al computer.
Qualcosa che non è stato visto come un problema fino ad ora, dal momento che non se ne conosce l'entità, alcuni studi suggeriscono da un 3 a un 32% in base all'età, e i cui effetti sono sconosciuti, non si sa come influisce sui giovani. Sai se i tuoi figli fanno sexting?
Questo è esattamente ciò che si è provato a scoprire con una ricerca condotta dall'Università Autonoma di Madrid (Spagna) insieme alla Università Nazionale di Entre Ríos (Argentina) i cui risultati sono stati pubblicati sulla rivista scientifica Psicothema.
Hanno partecipato alla ricerca 3223 adolescenti, di cui 49,9% ragazze, con un'età compresa tra i 12 e i 17 anni. Tra le caratteristiche di questo campione c'è il fatto che dedica una media di 2,21 ore giornaliere, e 3,02 nei fine settimana, al tempo libero su Internet, cioè escludendo il tempo trascorso a fare attività scolastiche.
Per quanto riguarda i social network, il più usato è Instagram (64.8%), seguito da YouTube (61.5%), WhatsApp (33.8%), Snapchat (18.3%), Twitter (13.6%), mentre il meno usato è Facebook (11.9%).
A tutti loro è stato somministrato un questionario standardizzato per rilevare comportamenti di sexting nel corso dell'anno precedente chiamato Sexting Questionnaire. Per valutare le diverse caratteristiche della personalità è stato utilizzato invece il G.S.O.E.P (Sexting Questionnaire e German Socio-Economic Panel) insieme al BF.I.-S (Big Five Inventory).
I risultati mostrano che il 13,5% dei giovani ha praticato sexting nell'ultimo anno, di cui un 10,8% ha inviato messaggi, un 7,1% ha condiviso foto e un 2,1% condiviso webcam con contenuto sessuale.
Differenze significative sono state osservate soltanto in termini di genere per quanto riguarda l'invio di testi di

contenuto sessuale, essendo in misura maggiore negli uomini (12,1%) rispetto alle donne (9,4%).

Vi è un aumento significativo delle pratiche di sexting con l'aumentare dell'età dei minori, si va dal 3,4% del sexting a 12 anni al 36,1% all'età di 17 anni.

Rispetto alle caratteristiche della personalità presenti nella pratica del sexting, si nota una correlazione positiva significativa con il neuroticismo e negativa con la estroversione.

Ciò significa che, i giovani con livelli alti di neuroticismo erano anche quelli che praticavano di più il sexting, allo stesso modo quelli che invece avevano alti livelli di estroversione erano quelli che praticavano meno sexting.

Bisogna tenere in considerazione che questi risultati si ottengono dalle dichiarazioni dei minori, e non dalla registrazione dei loro account per estrarre direttamente informazioni con cui ottenere conferma della misura in cui si verifica o meno il sexting, a causa del problema della desiderabilità sociale. Con questo test il partecipante manipola la risposta rispondendo in base a ciò che pensa sia socialmente previsto, ad esempio, non riconoscendo il numero esatto della pratica del sexting.

Nonostante quanto detto sopra, va notato che i dati sono quantomeno preoccupanti, un giovane su tre, tra i 17 ei 18 anni, ricorre frequentemente il sexting, cosa che dimostra una mancanza di sviluppo personale.

Per questo sarebbe importante stabilire dei piani di formazione per i più giovani, affinché imparino a relazionarsi con gli altri in modo appropriato, soprattutto col sesso opposto.

Va tenuto presente che questa pratica, al di là dell'influenza che può avere sullo sviluppo sessuale della persona, lascia l'utente più esposto al Cyberbullismo sotto forma di esibizionismo, dove l'atto di Cyberbullismo consiste nella distribuzione in rete, senza l'autorizzazione del proprietario, di materiale privato (di solito con contenuto sessuale).

Capitolo 4. Sintomi del Cyberbullismo

Quando si verifica un episodio di Cyberbullismo compaiono una serie di sintomi che possono dare indizi ai familiari e ai professori su quanto sta accadendo all'alunno. È importante tenere in considerazione che quanto più tempo si è esposti al Cyberbullismo, tanto più gravi saranno le conseguenze, come lo stress e l'ansia, accompagnati da sentimenti di impotenza, ira, stanchezza e sconforto generalizzato.

Oltre che nella vita privata il Cyberbullismo porta una serie di conseguenze anche nelle relazioni sociali del bullizzato, sia con i familiari che tra coetanei; allo stesso modo il rendimento scolastico calerà a causa della mancanza di interesse e della stanchezza che la accompagna. Proprio il repentino calo nel rendimento scolastico può far capire ai genitori e ai professori che c'è qualcosa che non va.

Allo stesso modo, diminuirà l'autostima, la vittima si sentirà indifesa e colpevole vedendo come viene attaccata la sua vita intima e privata, senza sapere come fermarlo. Si possono verificare dei cambiamenti significativi nella personalità del vessato, con la comparsa di atteggiamenti ostili, sospettosi e persino ossessivi.

Se il maltrattamento online persiste nel tempo, i sintomi che compaiono possono tradursi in vere e proprie malattie. Malattie che possono essere fisiche, a causa della somatizzazione della pressione, della mancanza di sonno o di dolori da tensione, o persino psicologiche, con la comparsa di episodi depressivi o ansiosi che possono innescare rispettivamente un disturbo depressivo maggiore o uno stress post-traumatico.

Un comportamento schivo ed erratico, problemi nel conciliare il sonno o eccesso di fatica, sono i primi sintomi che possono aiutare i genitori nel rilevare il Cyberbullismo.

La vittima potrà mostrarsi più inquieta, persino irascibile, si isolerà dagli altri e passerà più tempo connessa a Internet senza lasciar capire a nessuno cosa stia facendo.

In seguito si verificheranno, a poco a poco,

comportamenti introversi, isolamento sociale e calo nel rendimento, tutti "indizi" per i professori che l'alunno sta avendo un problema.
I compagni da parte loro osserveranno come la vittima gli dedicherà meno tempo, anche sui social network, dato che il maltrattatore di solito cerca di "monopolizzarla".

<<Cosa differenzia il Cyberbullismo dal bullismo?
Alcuni ricercatori lo considerano una forma di bullismo indiretto, altri invece lo considerano come un fenomeno a parte per le seguenti caratteristiche:
- raggiunge un "pubblico" più vasto (non si limita soltanto alle persone dell'ambiente scolastico).
- l'aggressore non percepisce la gravità dell'aggressione (perché non può vedere la reazione della vittima).
- La vittima non ha posti in cui nascondersi, a volte non è nemmeno cosciente di essere una vittima (ad esempio nei casi di furto d'identità per la creazione di falsi profili per social network).
Esiste anche una fascia di un 12-20% di aggressori che agisce soltanto online.
D'altra parte, c'è anche un indice più ampio di aggressori-vittime nell'ambiente online. >>
Dr. Abel González García, Direttore del Dipartimento di Criminologia, U.DI.MA.

Capitolo 5. Conseguenze del Cyberbullismo

Si tratta di una situazione di stress considerevole, alla quale di solito non si è preparati, inoltre fa affidamento sull'incentivo che l'aggressore cercherà di sfruttare sempre, ossia il "non dirlo a nessuno", usato come strategia di pressione.

Questa pressione si vedrà riflessa tanto a livello educativo, nel calo del rendimento, quanto nelle relazioni sociali, e persino nell'autostima.

Se ad essere attaccato è un adulto, questo di solito possiede maggiori risorse con le quali provare ad evitare la situazione, ad esempio interrompendo qualsiasi tipo di comunicazione attraverso Internet.

All'aggressore non sembra "importare" molto che la vittima sia donna o uomo, la sua ricerca si concentra sui profili delle persone più "vulnerabili", emotivamente dipendenti o non sufficientemente informate o preparate per essere in grado di affrontare l'aggressione.

La persona vittima di Cyberbullismo può soffrire molto emotivamente, tanto a livello psicologico quanto fisico, fino ad arrivare all'insorgenza, in alcuni casi, di malattie psicosomatiche.

L'apparente "impossibilità" di uscire dalla situazione di persecuzione va poco a poco minando l'autostima del bersaglio del Cyberbullismo, facendo sì che creda sempre di meno nelle proprie capacità e trasformandolo in una vittima.

<<Quali conseguenze comporta il Cyberbullismo?
In alcuni casi le conseguenze sono di maggiore portata perché anche cambiando scuola si può continuare ad essere vittime della persecuzione, non ci sono limiti nel ciberspazio.

Le conseguenze di ripetute molestie possono generare problemi di salute a lungo termine (depressione) e persino creare un tipo di persona che non possiede strumenti con cui riuscire ad affrontare situazioni di vittimizzazione nell'età adulta (mobbing, violenza nella coppia, ...) perché ha imparato a perdere sempre e a non ricevere aiuto.>>

Dr. Abel González García, Direttore del Dipartimento di Criminologia, U.DI.MA.

Lo stress causato dall'esposizione continuata al Cyberbullismo porterà a una serie di conseguenze, che saranno più gravi nei casi in cui le vittime sono minori, infatti, non avendo una personalità ancora ben formata sono meno protetti. Sperimenteranno una diminuzione dell'autostima che influirà sullo stato d'animo, sul rendimento scolastico... portando anche a soffrire di disturbi psicosomatici.
Questi sono manifestazioni fisiche di disturbi prodotti da conflitti interiori, che cambieranno in base all'età:
- Nei più piccoli, da zero a sei mesi, sono limitate all'alimentazione, con coliche, vomito e persino anoressia, possono essere inoltre accompagnate da insonnia (area neurologica) e atopia (area dermatologica).
- Da sei a 12 mesi, le manifestazioni nell'area dell'alimentazione cambiano e compare la diarrea, la colite ulcerosa, la ruminazione, si aggiungono disturbi legati all'area della respirazione con asma e spasmi di singhiozzo.
- Nell'infanzia (dopo i 12 mesi) e nell'adolescenza si rimangono i disturbi nell'area respiratoria, cambiano invece nell'alimentazione. Si passa all'anoressia, alla bulimia, all'obesità, all'ulcera, ai capricci alimentari o addominalgia. Si amplia il ventaglio delle manifestazioni in area neurologica con dolori, emicranie e sindrome di Tourette; compaiono inoltre nuove patologie, ad esempio nell'area endocrina, con ritardo della crescita o diabete; l'area di escrezione, con enuresi, costipazione, encopresi o megacolon; e nell'area della dermatologia con alopecia, psoriasi, tricotillomania, acne, dermatiti o prurito.
Andando avanti con la crescita diventa sempre più ampia la varietà di sintomi psicosomatici che si possono sperimentare. Alcuni autori sostengono sia dovuto a una maggiore conoscenza dello schema personale del proprio corpo e, pertanto, a un maggiore dominio su di esso.

<<L'essere stato vittima di Cyberbullismo lascia segni?

Assolutamente sì. Nelle visite vediamo e valutiamo casi realmente significativi, in cui la vittima ha sofferto di gravi disturbi depressivi, ansiosi, di stress post-traumatico, fobie specifiche, ecc. Per questi motivi, noi professionisti della salute raccomandiamo di iniziare la cura quanto prima con l'intervento da parte di professionisti della salute mentale (psichiatra e psicologo) in cui vengano valutati i danni osservabili nella vittima, di modo che si possa iniziare il processo per il recupero nel minor tempo possibile.>>
Pilar Vecina, Direttrice del Dipartimento di Neuropsicologia dell'Instituto di Investigación y Desarrollo Social de Enfermedades Poco Frecuentes.

Capitolo 6. Come comportarsi con il Cyberbullismo?

Una volta identificato il problema e interrotto gli atti di Cyberbullismo, rimane ancora la parte più difficile, ossia che il minore torni ad avere una vita normale. Porre semplicemente fine agli atti di Cyberbullismo infatti, non restituirà `l'autostima all'adolescente. È necessario un lavoro successivo, preferibilmente con uno specialista, garantendo così che non rimangano "segni" dell'aggressione vissuta.

Se non trattata adeguatamente, la persona manifesterà cambiamenti nel comportamento, nei livelli di ansia e avrà problemi a conciliare il sonno per molto tempo.

Nel caso in cui una persona inizi a ricevere minacce o insulti attraverso la rete, o conosca qualcuno che le riceve, è importante che lo comunichi a qualcuno che possa fermare questa situazione, come ad esempio un professore o i genitori, nel caso si tratti di un minore. Questi poi dovranno adottare le misure appropriate come ad esempio impedire l'accesso ad Internet al minore, nonché la denuncia pertinente al tribunale, in modo che le autorità possano procedere in modo adeguato.

In questo senso ogni paese sta sviluppando un proprio piano di azione per affrontare i casi di Cyberbullismo, in cui gli ordini giudiziari e di polizia si coordinano, identificando l'aggressore e adottando le prime misure dissuasive e, in caso di non cessazione delle molestie, altre di tipo penale che possono portare anche alla privazione della libertà.

<<Cosa fare quando si scopre un atto di Cyberbullismo? Il difficile è scoprirlo, ma porre l'accento su piccoli problemi può far sì che siamo capaci di prevenire casi più gravi di maltrattamento, perché è un processo che va da meno a sempre più.>>
Dr. Abel González García, Direttore del Dipartimento di Criminologia, U.DI.MA.

La cosa fondamentale è scoprirlo il primo possibile poiché gli effetti sulla vittima saranno di minore entità e il processo di recupero più rapido ed efficace, dato che si riuscirà così ad evitare la comparsa di sintomi cronici che possono scatenare disturbi psicologici, più difficili da superare.

Nel caso in cui la vittima sia un minore, la prima cosa da fare è comunicarlo ai genitori e far sì che intervengano. Se a compiere gli atti di Cyberbullismo sono i compagni di classe bisogna comunicarlo alla scuola affinché prendano i giusti provvedimenti.

Se né i genitori né la scuola riescono a "frenare" questa situazione, occorre mettersi in contatto con le autorità competenti per far sì che si incarichino di studiare il caso, identificare e sanzionare l'aggressore.

Oltre ad organizzazioni che si dedicano all'informazione come mezzo per prevenire il Cyberbullismo, esistono unità della polizia specializzate nel "passare al setaccio" Internet, nell'identificare l'aggressore e nel formulare, dinanzi alle autorità giudiziarie, la denuncia pertinente per detenerli e punirli, nel caso in cui il giudice lo consideri necessario.

Nonostante si tratti di un fenomeno relativamente nuovo, alcuni paesi hanno già adottato una normativa affinché tutto questo processo sia più rapido e semplice da portare a termine, e che, nei casi in cui la polizia specializzata intervenga, il successo dell'identificazione e della detenzione del cyberbullo sia garantita.

Le norme sanzionabili e punibili per questo tipo di reato sono attualmente regolamentate, indipendentemente dal fatto che includano contenuti sessuali o meno. Tutto ciò in difesa dell'intimità della persona e affinché ci sia una tutela effettiva dei suoi diritti.

<<Cosa fare quando si scopre un episodio di Cyberbullismo?

Quando si scopre un episodio di Cyberbullismo la cosa principale da fare è prendersi cura della vittima, poiché è possibile che si trovi in una situazione di grande impotenza e, a livello psicologico, possono esserci diversi fattori di rischio che, in minore o maggiore misura, potrebbero scatenare un grave disturbo psicologico, nel caso in cui non sia presente nel momento in cui sappiamo che la persona è stata vittima

di Cyberbullismo. Alcune linee guida per prendersi cura della vittima:
*Accettazione e comprensione incondizionata.
* Ascolto attivo e rispetto. Dare tempo. Non mettere in discussione quello che ci racconta.
*Empatia (mettersi nei suoi panni). Evitare di giudicare: "Capisco che deve essere stato molto difficile per te vivere questa situazione tutti i giorni".
*Offrire protezione e accompagnamento.
* Non colpevolizzare o rimproverare. Non dirgli cosa avrebbe dovuto dire o fare.
*Domande aperte per favorire l'espressione fluida ed evitare i monosillabi, "ti insultavano su Facebook?" invece di "in quali social network erano soliti intimidirti?
*Collaborazione tra famiglia e centro educativo.
*Delineare un programma.
*Ricercare l'aiuto di esperti. Linee di assistenza: p.e. Fondazione Alia2, Fondazione ANAR... Professionisti della salute mentale.
In casi gravi: denuncia. Procura dei minorenni, polizia, carabinieri. Consultazioni telematiche.
Per quanto riguarda l'ambito familiare, è di massima importanza intervenire, dato che, nella maggior parte dei casi, i genitori sono presi da un gran senso di colpa per non essersi resi conto di quanto stava succedendo.
È molto importante denunciare e riuscire ad ottenere tutte le prove possibili ed esistenti della persecuzione, del ricatto o del maltrattamento verbale, psicologico e/o sociale perpetrati ai danni della vittima.>>
Pilar Vecina, Direttrice del Dipartimento di Neuropsicologia dell'Instituto di Investigación y Desarrollo Social de Enfermedades Poco Frecuentes.

Come se lo stress per la scuola non fosse abbastanza, con così tante materie da studiare, sta diventando sempre più diffusa la situazione di molestie attraverso Internet.
Già di per sé nell'ultimo decennio si è assistito ad un aumento notevole di casi di bullismo in ambito scolastico in età adolescenziale e preadolescenziale. Al giorno d'oggi poi questa nuova modalità di maltrattamento, nonostante non sia diretta, ha le stesse conseguenze negative per la vittima, sia per la salute fisica che per quella psicologica, e ha portato addirittura

al suicidio di alcune delle vittime a causa della disperazione che genera.

Fortunatamente negli ultimi anni c'è stato un aumento della consapevolezza da parte di diverse istituzioni sui programmi di prevenzione ed educazione, sia per i giovani affinché denuncino, come per i genitori e i professori affinché sappiano dare una risposta a una situazione fino ad ora nuova per loro. Ma se è vero che la scuola si sta trasformando in un luogo più "propizio" per questo tipo di maltrattamento, è possibile affrontare il Cyberbullismo dalla scuola stessa?

Questo è quanto ha cercato di scoprire l'Università di Regents insieme all'Università di Londra (Inghilterra) i cui risultati sono stati pubblicati sulla rivista scientifica International Journal of Emotional Education.

Alla ricerca hanno partecipato venti studenti universitari con età comprese tra i 21 e i 30 anni, dei quali diciassette donne, che sono stati divisi in tre gruppi, la vittima, il bullo e il "pubblico". Ad ognuno di questi è stato affidato un ruolo (role-play) che dovevano interpretare e mettersi nei panni del personaggio, commentando tra i membri del gruppo i sentimenti e le emozioni che generava, per poi infine condividere il tutto con i diversi gruppi.

I risultati qualitativi suggeriscono che gli alunni si identificano facilmente con il bullo, considerando la persona maltrattata come responsabile della sua situazione, vedendola come fallita o emarginata, e trovano difficile mettersi nei panni della vittima.

Ciò indica che è necessario lavorare sulla figura dell'aggressore e sulla violenza che implica, quando è vista come qualcosa di "socialmente accettabile" in un mondo competitivo, allo stesso tempo occorre lavorare sull'immagine della persona maltrattata, per poter trasmettere in maniera corretta il suo ruolo, di vittima e non di "perdente sociale".

Sebbene i risultati siano rivelatori in termini di sentimenti su cui lavorare, occorre ancora che il tutto sia trasformato in un programma di intervento educativo che possa essere introdotto in altre scuole e università, con il quale combattere efficacemente questa "epidemia" di Cyberbullismo che fino ad ora non sembra arrestarsi se non tramite denuncia alla polizia.

<<Esiste una procedura che i genitori o i professori possono seguire?
La procedura in entrambi casi, a grandi linee, è la precedente. In ogni caso, a livello di istituto scolastico, è importante sfruttare la situazione in modo che la vittima sia supportata dai suoi compagni e dai docenti, in modo che consideri l'ambiente scolastico come positivo e di fiducia, invece di un ambiente sfavorevole in cui sarà giudicata. Sarebbe di fondamentale importanza sensibilizzare i minori sui rischi esistenti nelle nuove tecnologie dell'informazione e della comunicazione.>>
Pilar Vecina, Direttrice del Dipartimento di Neuropsicologia dell'Instituto di Investigación y Desarrollo Social de Enfermedades Poco Frecuentes.

Capitolo 7. Intervento terapeutico nei casi di Cyberbullismo

Le vittime di Cyberbullismo, una volta che questo si è concluso, devono poco a poco imparare a recuperare la propria autostima, così come la fiducia nelle relazioni interpersonali, prima di tornare alla loro vita. Si tratta di un processo lento, che dipenderà molto dal tempo in cui si è stati esposti al Cyberbullismo e dalla perdita che si è verificata nella sua personalità.

Sarà necessario in ogni caso che la vittima di Cyberbullismo venga accompagnata e seguita nel processo di "ristrutturazione" della sua vita da uno psicologo, il quale la aiuterà e le insegnerà a far fronte a situazioni stressanti, mentre lavora per rafforzare la sua autostima, cercando inoltre il recupero delle relazioni sociali oltre a una normale prestazione negli impegni accademici. Per ottenere tutto ciò si utilizzerà una serie di tecniche come:

-Training in inoculazione da stress.

-Terapia cognitivo-comportamentale.

-Terapia occupazionale.

Allo stesso modo, il trattamento può comportare l'uso di psicofarmaci per curare i disturbi che possono essere derivati dal Cyberbullismo, con l'obiettivo di ridurne i sintomi. Si usano antidepressivi o ansiolitici, a seconda dei casi, riducendo la dose man mano che la persona recupera il controllo della sua vita e dei suoi sentimenti, tornando a condurre una vita il più normale possibile ...

<<Qual è il trattamento adeguato per una vittima di Cyberbullismo?

Non esiste un intervento terapeutico specifico, poiché gli obiettivi della terapia e l'orientamento del cambiamento dipendono dalla valutazione previa della persona. È necessario stabilire una linea di base per dare la priorità al trattamento del paziente più disfunzionale o disadattivo.

In ogni caso, è noto che, in base agli studi svolti e alla mia esperienza personale, ci sono determinati aspetti comuni che diventano inevitabilmente degli obiettivi dell'intervento, come ad esempio: l'autostima e il concetto di sé, le abilità sociali e interpersonali, la comunicazione assertiva, l'espressione delle emozioni, i pensieri distorti, la tolleranza alla frustrazione, ecc...>> Pilar Vecina, Direttrice del Dipartimento di Neuropsicologia dell'Instituto di Investigación y Desarrollo Social de Enfermedades Poco Frecuentes.

Tutto ciò mira a rafforzare tutte quelle aree colpite dagli elevati livelli di stress che la vittima ha sperimentato a causa del maltrattamento online, oltre alle umiliazioni e alle vessazioni che può aver dovuto sopportare.

Bisogna tenere presente che in molti casi si tratta di giovani che si stanno ancora formando, in cui aspetti tanto importanti come la personalità e l'autostima dipendono dal successo delle relazioni sociali con i loro coetanei, e precisamente il Cyberbullismo invece incoraggia e causa l'isolamento, in alcuni casi provocando un senso di vergogna, in altri per l'incapacità di esprimere quello che sta accadendo, ma anche a causa delle costanti minacce che si ricevono.

È importante ricordare che in molti casi c'è differenza di età tra il bullo e la vittima, che consente al primo di avere più esperienza quando si tratta di ottenere ciò che si vuole mentendo e ingannando l'adolescente.

Questo sarà un aspetto importante su cui lavorare in terapia una volta riusciti a porre fine al maltrattamento; il recupero della fiducia negli altri, riuscire ad "aprirsi" a nuove amicizie e a conoscenti senza avere il timore di essere maltrattati di nuovo. Non si tratta però di tornare a fare amicizia con qualsiasi sconosciuto, situazione che ha portato ad essere vittima di bullismo, bensì di imparare a distinguere tra i contatti, tra quelli con cui si può fare amicizia e gli "sconosciuti".

Proprio come dicevano le madri ai bambini piccoli: "Non parlare agli estranei", deve essere applicato al mondo di Internet. Non è di per sé "sbagliato" parlare con gli estranei, ma lo è pensare che l'"estraneo" possa essere qualcuno con cui condividere confidenze.

Anche se andava fatto prima, è necessario educare i giovani maltrattati ad un uso "adeguato" della tecnologia, insegnare a proteggersi dalle "cattive intenzioni" e soprattutto sapere come e a chi rivolgersi quando si ha un problema per evitare nuove situazioni di maltrattamento.

Tutto ciò mentre si cerca di "innalzare" i livelli di autostima, mentre si lavora sugli aspetti della personalità che sono stati "colpiti", in modo che sia possibile uno sviluppo il più "normale" possibile.
Anche se quando si pensa al Cyberbullismo, di solito si pensa alla vittima, che riceverà ogni tipo di insulto, minaccia e provocazione, con l'intento di indebolire la sua autostima, c'è un'altra figura, quella del cyberbullo che viene a malapena presa in considerazione.
Attualmente esistono programmi di prevenzione per l'educazione nelle scuole e sono stati abilitati anche dei numeri speciali per denunciare casi di Cyberbullismo, in modo che le forze dell'ordine possano intervenire per identificare il cyberbullo e poter arrestare la sua attività.
In misura minore esistono programmi volti ad aiutare le vittime di Cyberbullismo. In alcuni casi si tratta di associazioni create da vittime che cercano di aiutarsi a vicenda in mancanza di un programma specifico per questo, a differenza di quanto accade con altri tipi di violenza. Ma dove non sembra siano stati compiuti molti progressi è nel trattamento dell'aggressore dal momento che questi viene sempre considerato come la figura "forte", ma è possibile correggere un cyberbullo?
Questo è quanto si è cercato di scoprire con una ricerca svolta dall'Università dei Paesi Baschi (Spagna) pubblicato nella rivista scientifica "Revista de Psicología Clínica con Niños y Adolescentes".
In questo studio gli autori hanno deciso di riferire su un singolo caso, ossia n=1, un ragazzo di 14 anni con un passato da cyberbullo, che ha ricevuto un intervento denominato Cyberprogram 2.0 volto a ridurre il Cyberbullismo.
Per verificare gli effetti del programma, è stato valutato il prima e il dopo dell'intervento mediante il Cyberprogram per la determinazione del tipo di maltrattamento tra coetanei. È stato utilizzato il C.U.V.E.-R (Cuestionario de Violencia Escolar Revisado, il questionario sulla violenza scolastica aggiornato) per determinare la frequenza e il tipo di violenza esercitata; C.A.P.I.-A. (Cuestionario de Agresividad Premeditada e Impulsiva en Adolescentes, il questionario di aggressività premeditata e impulsiva negli adolescenti) per differenziare tra violenza impulsiva e premeditata; l' A.E.C.S (Actitudes y Estrategias Cognitivas Sociales,

atteggiamenti e strategie cognitive sociali) per analizzare il comportamento sociale; l'R.S. (sigla in inglese per scala di autostima) per valutare i sentimenti di autostima; il CONFLICTALK per valutare la gestione dei conflitti e per valutare l'empatia è stato utilizzato il I.E.C.A. (Acronimo inglese di Emphatic Activation Scale).

L'intervento è consistito in diciannove sessioni di un'ora ciascuna, nell'arco di sei mesi, concentrate su quattro obiettivi: facilitare l'individuazione del Cyberbullismo, identificare le conseguenze, sviluppare strategie per affrontarlo e sviluppare abilità "compensatorie" per controllare l'aggressività, come le abilità sociali, l'autostima...

I risultati mostrano una riduzione dell'aggressività prima e dopo l'intervento, un aumento dell'autostima e delle strategie di cooperazione.

Va tenuto presente che il limite principale di questo studio è il fatto che sia stato realizzato con un singolo individuo, il che spiega la difficoltà dell'intervento. È però necessario verificare i benefici in più minori prima di poter considerare valida l'efficacia di questo intervento.

Allo stesso modo, va notato che il minorenne non è stato seguito, né è stato osservato se ha successivamente adottato un atteggiamento da cyberbullo o meno.

Nonostante i limiti appena citati, è giusto sottolineare lo sforzo compiuto per indagare un aspetto molte volte dimenticato, la figura dell'aggressore e come impedire che continui ad esercitare la sua violenza, poiché, sebbene l'intervento sulla vittima sia fondamentale, se il cyberbullo non viene trattato lascerà dietro di sé nuove vittime.

Da qui la necessità di continuare ad approfondire questo tipo di indagine per tentare di dare una risposta a un problema sempre più presente nelle aule e che è andato a sostituire in gran parte il bullismo tradizionale.

<<Si può trattare con successo il cyberbullo?
Certamente, e in molti casi si può fare semplicemente con un intervento in aula, senza che sia necessario un trattamento individualizzato.
La cosa più importante è trasferire l'importanza dell'aggressività in termini di conseguenze per la vittima.

In questo caso è importante, sia per l'aggressore che per la vittima, il ruolo degli spettatori, cioè del resto degli studenti.>>
Dr. Abel González García, Direttore del Dipartimento di Criminologia, U.DI.MA.

Dr. Juan Moisés de la Serna

Capitolo 8. È possibile prevenire il Cyberbullismo?

Una delle preoccupazioni maggiori dei genitori è quella di impedire che i propri figli siano esposti ai pericoli del Cyberbullismo, dai quali sanno a malapena come proteggerli, oltre a dire al minore di non passare troppo tempo connesso o "fai attenzione a chi parli su Internet". Bisogna tenere in considerazione che coloro che subiscono il Cyberbullismo sono perlopiù i giovani e gli adolescenti, ossia coloro che, per la loro età, non conoscono o non sono consapevoli dei "pericoli" di Internet.

È per questo che le politiche di prevenzione devono essere rivolte a queste fasce d'età, a cui insegnare cosa è adeguato fare su Internet, cos'è il Cyberbullismo e come denunciarlo, poiché molte volte i minorenni esposti al Cyberbullismo non sanno a chi rivolgersi o come fare per far fronte al proprio aggressore.

La corretta educazione a partire dalla scuola e anche da parte dei genitori è fondamentale per apprendere a navigare in maniera "sicura", il problema è che in molti casi i genitori non sono sufficientemente informati su cosa siano o come funzionino i social network che utilizzano i loro figli, le chat o I.R.Cs che visitano, ecc..

Raccomandazioni da seguire per prevenire il Cyberbullismo e gli effetti negativi che ne possono conseguire:

- È importante comunicare con le persone che si conoscono e consentire solo a loro l'accesso alle informazioni personali.

- Non accettare inviti su Internet di persone sconosciute o bloccare l'accesso di quelle che non ci interessano.

- Fare attenzione ai messaggi, alle fotografie, ai video o alle informazioni personali (indirizzo, telefono...) che si pubblicano o con chi si condividono, poiché potrebbero essere usati da terzi contro di noi.

- Se si inizia a ricevere messaggi offensivi o il cui contenuto disturba, interrompere ogni comunicazione con questa persona e segnalarla le autorità competenti.

- Conservare i messaggi inappropriati per poterli poi mettere a disposizione delle autorità competenti affinché possano agire come lo ritengono opportuno.

- Allo stesso modo, se si viene a conoscenza che un'altra persona o un compagno è vittima di Cyberbullismo è importante non partecipare né girarsi dall'altra parte ma avvisare i propri genitori o insegnanti per fermare la sofferenza della vittima di maltrattamenti.
- Mai fidarsi di regali o proposte sospette di sconosciuti, non prendere appuntamenti con sconosciuti.
-Non "reggere il gioco" al cyberbullo.
-Se ci si sente sotto pressione o offesi da qualcuno non restituire il colpo o insultare in risposta poiché il risultato sarà solo quello di prolungare le violenze o renderle ancora più violente.
- Rivolgersi a persone che possono essere preparate sull'argomento, sia per l'età o per la professione, affinché possano fornire indicazioni sul da farsi per poter fermare il maltrattamento online.
- Seguire le linee guida fornite dagli esperti e rimuovere dalla rete di contatti chi non si vuole a mantenere.
- Può essere utile anche informare i fornitori dei servizi tramite i quali è stato subito il Cyberbullismo (compagnie Internet, canali di chat, Facebook, Tuenti, ecc.), delle azioni o messaggi inappropriati per porre il veto a tali contenuti o all'utente molesto, se lo considerano appropriato.

Capitolo 9. Il Cyberbullismo e gli insegnanti

Ricordo ancora quando ho avuto a che fare per la prima volta con il sistema Moodle, grazie all'Università Isabel I, dove sono stato preparato come professore virtuale. Ho avuto modo di vedere che non era molto diverso dal modo in cui venivano fatte le cose in modalità presenziale, ovvero, si potevano usare documenti Word, pdf e presentazioni Power Point, ma tutto quanto doveva essere organizzato e programmato prima. Probabilmente ciò che mi risultava più complicato era la valutazione, la preparazione dei questionari e delle prove con le quali, una volta superate, si poteva accedere alle nuove lezioni.

Ma se mi sono reso conto di qualcosa è stato del fatto che gli studenti, sia nazionali che stranieri, padroneggiavano perfettamente la piattaforma, molto meglio di me, e davano suggerimenti e indicazioni al riguardo.

Ciò è dovuto probabilmente al fatto che i giovani hanno avuto accesso ai computer sin da piccoli e lo vedono come qualcosa di naturale, quindi ogni volta che c'è un nuovo programma o una nuova piattaforma, li padroneggiano più velocemente e meglio.

Se già di per sé l'istruzione secondaria è stata considerata per tanto tempo come una delle professioni più stressanti del servizio pubblico, ad oggi occorre anche aggiungere una delle realtà sempre più frequenti nelle scuole, ossia il Cyberbullismo.

Sebbene negli ultimi anni sia stato fatto molto lavoro in termini di individuazione e intervento sul bullismo, in cui l'insegnante svolge un ruolo chiave, nel caso del Cyberbullismo non è così chiaro in quanto è un comportamento che si verifica occasionalmente fuori dalla classe.

Nonostante ciò, i professori possono riconoscere i primi sintomi della sofferenza dovuta al Cyberbullismo e dare un preavviso ai genitori e persino mandare lo studente dal consulente scolastico perché lo aiuti. Ma per far sì che sia possibile il docente deve conoscere le diverse tipologie, le cause, i sintomi e le conseguenze del Cyberbullismo. Ma i professori sono realmente preparati sul Cyberbullismo?

Questo è ciò che si è cercato di scoprire con una ricerca effettuata dalla facoltà di Educazione Ataturk insieme alla Social Sciences Vocational School, Università di Marmara (Turchia) i cui risultati sono stati pubblicati sulla rivista scientifica The Turkish Online Journal of Educational Technology.

Allo studio hanno partecipato quattrocentododici studenti di pedagogia, dei quali 71,6% donne.

Hanno tutti risposto a tre questionari, al Personal Information Form, nel quale venivano raccolte informazioni socio-demografiche, al C.B.A.S (Cyberbullying Attitude Scale), in cui si analizza l'atteggiamento del docente nei confronti del Cyberbullismo e il M.S.P.S.S (Multidimensional Scale of Perceived Social Support), per studiare il ruolo dell'appoggio sociale ricevuto.

I risultati evidenziano che il 17,7% dei partecipanti ha iniziato ad usare Internet tra i 2 e i 5 anni fa mentre il 74,5% lo usa da più di 5 anni.

Viene utilizzato dal 34,7% da 1 a 2 ore al giorno, un 35% tra 2 e 5 ore e un 16,3% più di 5 ore, viene utilizzato nel 52,4% dei casi per i social network e il 25,7% per lo studio.

Esistono inoltre differenze significative in termini di Cyberbullismo in base al genere; le professoresse sono più esposte a questa problematica; al contrario, per quanto riguarda i professori, questi apprezzano e hanno maggiore considerazione dell'appoggio sociale ricevuto, cosa che permette di sostenere meglio in Cyberbullismo nel caso compaia.

Va tenuto presente che in altre società è necessaria una nuova ricerca per poter trovare una risposta al riguardo, a causa delle idiosincrasie del popolo turco.

Allo stesso modo, i pedagoghi non sono gli unici docenti a dover ricevere una formazione sul Cyberbullismo, soprattutto nell'insegnamento alle medie e alle superiori.

Si tratta di una realtà, che come si è già detto, è sempre più diffusa nelle aule e sulla quale tutti i professori dovrebbero essere preparati, sia per l'individuazione che per l'intervento. Dovrebbero almeno conoscere i meccanismi regolati per sviare lo studente del quale si ha il sospetto che sia vittima di maltrattamenti per poter trovare una soluzione il prima possibile.

Anche se questo studio non lo prende in considerazione, c'è anche un altro fenomeno di cui non si parla a sufficienza, ossia il Cyberbullismo sofferto dagli insegnanti stessi.

Proprio come nel caso degli studenti, dovrebbero esistere dei meccanismi per poter intervenire e fermare la propagazione di accuse false, commenti negativi o qualsiasi altro attacco che colpisca i professori, evitando così che diventi un'altra situazione di Cyberbullismo.

È qualcosa che non era stato osservato in precedenza, forse perché le nuove tecnologie non erano così presenti a scuola, o perché il ruolo professore godeva di un certo rispetto.

Ebbene, sembra che la barriera del rispetto per l'età o per la conoscenza sia andato perduto e ora sono gli alunni che criticano, si fanno beffe e addirittura aggrediscono i professori.

Va ricordato che, in molti casi, gli insegnanti sono migranti informatici, cioè hanno dovuto imparare per forza qualcosa delle nuove tecnologie, invece i loro alunni sono più abili nel loro uso, considerati nativi digitali.

Chattano o usano Whatsapp in classe, cosa per cui i professori devono prendere provvedimenti. Ma sono proprio loro che diventano bersaglio di scherno, scherzi e persino insulti, attraverso i social network, ma la situazione non si è fermata lì, a volte gli insegnanti sono stati aggrediti dai loro studenti sia verbalmente che fisicamente, registrati nei video poi caricati su Internet e condivisi sui social network come "scherzo" e per ridicolizzare l'insegnante.

L'insorgere di questo fenomeno ha portato ad un aumento di professori aggrediti o insultati dai propri alunni, i quali, lontani dal modificare il loro comportamento, tornano ad agire allo stesso modo quando gli viene affidato un sostituto.

Alcune istituzioni giudiziarie stanno cercando il modo di perseguire e punire questo tipo di condotta, il problema è che nella maggior parte dei casi si tratta di minorenni e i genitori spesso li difendono dicendo che si tratta di sciocchezze, di ragazzate. Il risultato è l'aumento della permissività che porta a ripetere questo comportamento.

Sono molte le persone che usano forum o chat per "sfogarsi" di questo o quell'insegnante, ma non esiste un limite definito tra lo sfogo e l'insulto o persino l'aggressione. È un problema sociale per il quale non si ha ancora una risposta adeguata, non si può infatti espellere un'intera classe per aver insultato o minacciato un professore, né tantomeno gli si può imporre un qualsiasi tipo di sanzione che vada al di fuori del contesto scolastico.

La libertà d'espressione è un'altra delle argomentazioni utilizzate dai genitori, i quali, lungi dal preoccuparsi per la situazione, vogliono che il figlio finisca gli studi il prima possibile, imparando qualcosa o meno.

Alcune iniziative giudiziarie hanno provato a restituire alla professione del docente l'autorità perduta, equiparandola a quella di un poliziotto o di un giudice, in modo che, se qualcuno lo aggredisce, che sia un alunno o addirittura un genitore, è come se stesse aggredendo un poliziotto o un giudice. Questo fa sì che le sanzioni siano molto maggiori e più gravi rispetto agli avvertimenti che si ricevevano precedentemente.

Proprio come nel caso del Cyberbullismo tra studenti, la polizia ha un ruolo fondamentale quando si tratta di scoprire l'identità dei cyberbulli e di portare all'attenzione dei tribunali quegli atteggiamenti che sono al di fuori della legge, affinché possano agire in tal senso.

Capitolo 10. Violenza digitale di genere

Qui di seguito trascrivo un'intervista realizzata alla Sig.ra Encarni Iglesias Pereira, presidente dell'associazione "Stop Violencia de Género Digital" che ci svela gli elementi chiave di questa modalità di Cyberbullismo:

- Cos'è la violenza digitale di genere?
Si tratta di tutta quella violenza che si subisce tramite i media digitali o telematici.

- Cosa distingue la violenza di genere digitale da altri tipi di violenza?
Il mezzo attraverso il quale si subisce l'aggressione. Nemmeno il tipo di aggressione è lo stesso, parliamo di questioni psicologiche molto importanti che sono quelle che derivano da questo tipo di violenza. Non bisogna dimenticare la grande diffusione e la rapidità con la quale si diffondono le cose via Internet.
Pensiamo che, di fronte a un caso di diffamazione, per esempio, in pochi minuti ci possono essere molte persone che ne sono venute a conoscenza.

-Quanti casi di violenza di genere digitale si verificano attualmente?
Attualmente i casi di violenza digitale che si stanno denunciando in tutti gli ambiti sono moltissimi. Sebbene il più grave, secondo il nostro punto di vista, sia il Cyberbullismo.

-Quali sono i sintomi da individuare per capire che si sta subendo violenza digitale di genere?
Sono molti i casi con cui abbiamo a che fare in cui la persona non è consapevole di essere vittima di violenza digitale. Qualsiasi tipo di molestia, diffamazione, furto di identità ecc... può essere denunciato.
In molte occasioni la mancanza di conoscenza delle nuove tecnologie è ciò che porta gran parte delle persone a credere che in rete sia tutto concesso. Vi

assicuro che la rete non è anonima, tutto lascia un'impronta digitale.

-Quali conseguenze comporta la violenza digitale di genere?
Comporta un danno psicologico enorme. Nella società attuale gli abusi psicologici non ricevono ancora la necessaria considerazione.

Si può prevenire la violenza di genere online?
Sinceramente non credo che si possa evitare. Possiamo proteggerci e provare a navigare in Internet in maniera sicura. Il fatto è che, quando si sa come funziona e si naviga in maniera sicura, ci si sente più forti e questo fa sì che se in un dato momento si subisce o si intuisce qualcosa si può bloccare tutto alla radice.

-Cos'è Stop Violencia de Género Digital?
Stop Violencia de Género Digital è un'associazione che nasce come risposta al grande problema della società attuale con gli attacchi digitali. Come nella maggior parte dei casi, l'associazione è nata dopo un'esperienza personale molto brutta, in cui mi sono sentita totalmente indifesa a causa della grande ignoranza che c'era da parte della maggioranza delle persone e persino delle forze di sicurezza dello Stato riguardo queste problematiche.

- Quali sono gli obiettivi di Stop Violencia de Género Digital?
Che chiunque sappia a chi rivolgersi nel caso diventi vittima di un qualsiasi tipo di violenza online.

A chi si rivolge Stop Violencia de Género Digital?
A tutte quelle persone che stanno soffrendo un qualsiasi tipo di violenza online.

- Chi fa parte di Stop Violencia de Género Digital?
L'associazione è formata principalmente da esperti informatici ma abbiamo anche avvocati, psicologi, investigatori, assistenti sociali, ecc... La verità è che

possiamo contare sulla collaborazione di un numero molto elevato di professionisti in diverse aree.

- Stop Violencia de Género Digital risponde alle richieste della società?
Senza ombra di dubbio. Non bisogna dimenticare che viviamo nell'era digitale, nel bene o nel male.

- Quali attività o iniziative realizza Stop Violencia de Género Digital?
Per l'associazione l'aspetto fondamentale è l'educazione. Organizziamo incontri in tutti i centri che ce lo chiedono, con l'obiettivo di creare consapevolezza sin dalla giovane età sui pericoli che comporta Internet.
Ci concentriamo anche sulla formazione di professionisti, bisogna essere ben consapevoli del fatto che il trattamento delle persone che stanno soffrendo per qualsiasi tipo di maltrattamento deve essere molto delicato e seguire un protocollo corretto.
Collaboriamo anche con altre associazioni con laboratori, incontri, ecc... Oltre a fornire consulenza e ad aiutare le persone che ce lo chiedono.

- Quali sono gli obiettivi già raggiunti da Stop Violencia de Género Digital?
Siamo molto entusiasti, soprattutto per l'attività di sensibilizzazione che proponiamo nelle scuole perché se i bambini vengono sensibilizzati e istruiti sui comportamenti corretti, allora stiamo prevenendo che ci siano future vittime e futuri aggressori.
Anche la riconoscenza da parte delle persone curate dalla nostra associazione ci gratifica enormemente.

Conclusioni

Nonostante la brevità di questo lavoro, sono stati esposti i punti salienti di una problematica che desta sempre maggiore preoccupazione soprattutto in campo educativo e che coinvolge ragazzi sempre più giovani.
Si è potuto contare sulla collaborazione di rinomati professionisti del settore.

Su Juan Moisés de la Serna.

Dottore in Psicologia, Master in Neuroscienza e Biologia del Comportamento e specialista in Ipnosi Clinica, riconosciuto dall'International Biographical Center (Cambridge-U.K) tra i migliori cento professionisti della salute del mondo nel 2010. Collabora come docente in molteplici università nazionali ed internazionali.

Divulgatore scientifico in congressi e seminari a tema, collabora in programmi radio e in numerose riviste cartacee e digitali, autore ed amministratore del blog "Cattedra Aperta di Psicologia e Neuroscienza" e di diciassette libri.

Attualmente porta avanti il suo lavoro di ricerca nell'ambito del Big Data applicato alla salute, per il quale lavora con dati provenienti dall'India, gli Stati Uniti o il Canada, lavoro che complementa con la consulenza per Startup tecnologiche orientate alla Psicologia e al benessere personale.

www.ingramcontent.com/pod-product-compliance
Lightning Source LLC
Chambersburg PA
CBHW051923250726
48659CB00002B/802